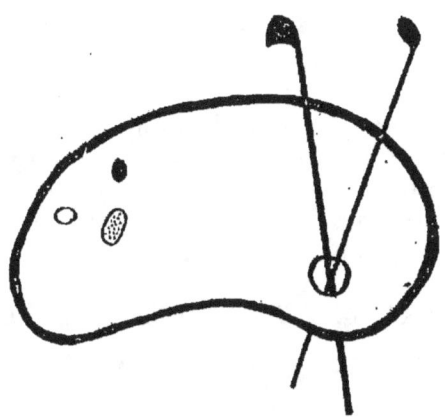

DÉBUT D'UNE SERIE DE DOCUMENTS
EN COULEUR

CATALOGUE
D'UNE COLLECTION
D'OBJETS
D'ANTIQUITÉ
ET DU MOYEN-AGE

TELS QUE :

Bronzes antiques grecs et romains, quelques objets antiques en argent, antiquités égyptiennes en terres émaillées, en matières précieuses et en bronze, Pierres gravées, Ivoires sculptés, Bas-reliefs en argent repoussé et en ivoire, Bronzes florentins, Bronzes chinois et objets variés;

dont la vente aux enchères publiques aura lieu

HOTEL DES COMMISSAIRES-PRISEURS
RUE DROUOT, N° 5
SALLE N° 5 BIS, AU 1er

Les Mardi 30 et Mercredi 31 Mars 1858,
A UNE HEURE

Par le ministère de Me **CHARLES PILLET**, Commissaire-Priseur,
rue de Choiseul, 11,

Assisté de M. **ROUSSEL**, Expert, rue Neuve de l'Université, 5.

EXPOSITION PUBLIQUE

Le Dimanche 28 Mars, de midi à quatre heures.

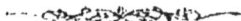

PARIS
RENOU ET MAULDE
IMPRIMEURS DE LA COMPAGNIE DES COMMISSAIRES-PRISEURS
rue de Rivoli, 144.

1858

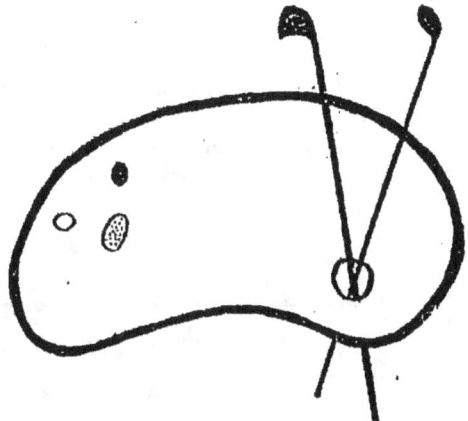

FIN D'UNE SERIE DE DOCUMENTS
EN COULEUR

CATALOGUE
D'UNE COLLECTION
D'OBJETS
D'ANTIQUITÉ
ET DU MOYEN-AGE

TELS QUE :

Bronzes antiques grecs et romains, quelques objets antiques en argent, antiquités égyptiennes en terres émaillées, en matières précieuses et en bronze, Pierres gravées, Ivoires sculptés, Bas-reliefs en argent repoussé et en ivoire, Bronzes florentins, Bronzes chinois et objets variés;

dont la vente aux enchères publiques aura lieu

HOTEL DES COMMISSAIRES-PRISEURS
RUE DROUOT, N° 5
SALLE N° 5 BIS, AU 1ᵉʳ (BIS)

Les Mardi 30 et Mercredi 31 Mars 1858,
À UNE HEURE.

Par le ministère de Mᵉ **CHARLES PILLET**, Commissaire-Priseur, rue de Choiseul, 11,

Assisté de M. **ROUSSEL**, Expert, rue Neuve de l'Université, 5.

EXPOSITION PUBLIQUE

Le Dimanche 28 Mars, de midi à quatre heures.

PARIS
RENOU ET MAULDE
IMPRIMEURS DE LA COMPAGNIE DES COMMISSAIRES-PRISEURS
rue de Rivoli, 144.

1858

CONDITIONS DE LA VENTE

Elle sera faite au comptant.

Les acquéreurs paieront en sus des adjudications cinq pour cent applicables aux frais.

DÉSIGNATION
DES OBJETS

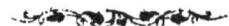

ANTIQUITÉS ÉGYPTIENNES

1 — Bronze. — Épervier, la tête surmontée du schent; il repose sur une base creuse renfermant les débris d'une momie. Haut. 12 c.

2 — Dito. — Chat accroupi; animal consacré à la déesse Pascht; grande statuette ornée d'un collier gravé au burin, auquel est suspendu une espèce d'égide. Haut. 17 c.

3 — Dito. — Autre figurine semblable, dont les yeux sont incrustés en pierres fines; au collier est suspendu l'œil d'Osiris. Haut. 17 c.

4 — Dito. — Dieu à tête de serpent, bronze très-fin, sur socle en jaune antique. Haut. 5 c.

5 — Dito. — Partie supérieure d'un sceptre, ayant la forme d'un chapiteau supportant une chatte allaitant ses petits. Haut. 12 c.

6 — Dito. — Pascht léontocéphale, la tête surmontée d'un disque. Haut. 14 c.

7 — Dito. — Personnage accroupi en adoration. Haut. 7 c.

8 — Dito. — Déesse à tête de chatte, debout, portant un panier et une égide de la main gauche. Haut. 10 c.

9 — Dito. — Personnage à genoux, en adoration ; il tient une fleur de lotus de la main gauche ; figurine d'une grande finesse. Haut. 5 c.

10 — Lapis-lazuli, très-mélangé de blanc. — Chouette, emblème de Miron ; statuette remarquable par son volume et la beauté de la sculpture. Haut. 14 c.

11 — Terre émaillée bleu turquoise. — Tête d'Hator, pièce très-remarquable par la beauté de l'émail et la couleur. Haut. 10 c.

12 — Dito. — Tête d'Hator sur un fût de colonne chargée d'hiéroglyphes. Haut. 16 c.

13 — Dito. — Phthah, stabilité, enveloppé dans une gaîne couverte d'hiéroglyphes. Haut. 18 c.

14 — Dito. — Anubis à tête de chacal. Haut. 9 c.

15 — Dito. — Isis, assise, allaitant Horus. La figure d'Horus a été brisée. Haut. 6 c. 1/2.

16 — Dito. — Tête d'Hator fragmentée. Haut. 6 c.

17 — Dito. — Divinité à tête de lion. Haut. 8 c. 1/2.

18 — Dito. — Typhon patœque. Haut. 5 c.

19 — Dito. — Ammon à tête de bélier, amulette restaurée. Haut. 6 c.
20 — Dito. — Phthah, stabilité, enveloppé dans une étroite gaine. Haut. 7 c.
21 — Dito. — Isis debout. Haut. 4 c.
22 — Dito. — Phthah patœque. Haut. 4 c.
23 — Dito. — Ammon à tête de bélier. Haut. 4 c.
24 — Dito. — Isis allaitant Horus. Haut. 4 c.
25-26 — Dito. — Deux petites amulettes.
27 — Dito. — Taureau debout et marchant, amulette. Haut. 2 c. 1/2 ; long. 3 c. 1/2.
28 — Dito. — Isis debout, figurine fracturée.
29 — Lapis. — Thoth à tête d'Ibis. Haut. 3 c.
30 — Terre émaillée. — Thoth à tête d'Ibis. Haut. 3 c.
31 — Bois. — Animal chimérique, amulette offrant d'un côté un cygne et de l'autre un lion. Long. 3 c.
32 — Terre émaillée. — Lion couché, amulette.
33 — Jaspe rouge. — Bœuf les jambes liées.
34 — Terre émaillée rouge. — Nilomètre, amulette. Haut. 6 c. 1/2.
35 — Terre émaillée bleu turquoise. — Amulette découpée à jour ; Isis à genoux. Haut. 3 c.
36 — Un lièvre, amulette.
37 — Ænochoé, en argent ; l'anse est ornée d'un mascaron et la panse d'un bas relief, imitation de l'antique. Haut. 20 c.

38 — Strigille, en argent, ornée de mascarons et de palmettes ; imitation.

BRONZES ANTIQUES
ET OBJETS EN ARGENT

39 — Minerve, debout, vêtue d'une longue tunique, l'égide sur la poitrine et la tête coiffée d'un casque à cimier surmonté d'un sphinx. Très-belle statuette pourvue d'une bonne patine. Haut. 15 c.

40 — Apollon, debout, entièrement nu, couronné de lauriers ; son carquois est fixé sur son dos par une lanière qui lui passe sur la poitrine ; il tient, d'une main, une patère, et de l'autre, un arc. Très-jolie statuette. Haut. 9 c.

41 — Jeune faune, debout, entièrement nu ; il s'incline en arrière pour prendre sa queue. Haut. 12 c.

42 — Venus, debout, coiffée du tutulus et vêtue d'une tunique talaire qu'elle relève de la main gauche. Bronze étrusque pourvu d'une belle patine. Haut. 14 c.

43 — Cérès, debout, vêtue d'une tunique talaire et d'un peplum ; elle tient une corne d'abondance sur le bras gauche. Haut. 13 c.

44 — Jeune fille, debout, vêtue d'une tunique talaire et d'un peplum ; elle tient une fleur de la main droite et un fruit de la gauche. Haut. 12 c.

45 — Hercule, debout, entièrement nu; il tient un vase de la main droite; à son bras gauche, armé de la massue, est suspendue la peau du lion. Haut. 6 c.

46 — Mars, debout, la tête couverte d'un casque à cimier élevé; il est vêtu d'une tunique courte et de l'égide sur la poitrine. Haut. 10 c.

47 — Buste de Silène, barbu et couronné de pampres, la poitrine ceinte d'une peau de bouc: les yeux ont été incrustés en argent. Beau bronze qui a servi de poids à une romaine. Haut. 10 c.

48 — Beau buste de femme diadémée, les yeux incrustés en argent. Ce beau bronze est dépourvu de sa patine antique, qui a été remplacée par la couleur que les Florentins donnaient à leurs bronzes au XVIe siècle. Haut. 14 c.

49 — Mars, debout, armé d'une cuirasse et d'un casque à cimier très-élevé. Bronze étrusque. Haut. 18 c.

50 — Femme assise sur un rocher; auprès d'elle, un chien. Haut. 6 c.

51 — Jeune garçon, debout, tenant une bourse de la main gauche; le bras et la jambe droite manquent. Haut. 5 1/2.

52 — Tête provenant d'une statuette de femme, beau style.

53 — Mars, debout, avec casque à cimier très-élevé; bronze étrusque. Haut. 15 c.

54 — Femme à demi drapée; bronze étrusque. Haut. 6 c.

55 — Figure de style barbare; travail étrusque. Haut. 7 c.

56 — Taureau, debout; bronze dépourvu de sa patine antique. Haut. 6 c.

57 — Taureau, debout, marchant. Haut. 6 c.

58 — Perroquet, patine rouge. Haut. 3 c.

59 — Tête de taureau.

60 — Taureau, debout; bronze étrusque. Haut. 6 c.

61 — Lapin mangeant des fruits; provenant d'une lampe.

62 — Argent. — Très-grande fibule de manteau à ressort, en spirale et tige ornée de tourillons. Cette belle pièce est l'une des plus grandes que l'on ait encore rencontrées. Long. 33 c. poids.

63 — Argent. — Fibule de manteau à ressort enroulé. Long. 14 c.

64 — Argent. — Fibule à ressort double. Long. 9 c.

65 — Argent — Fibule ayant la forme d'un serpent; Long. 10 c.

66 — Argent. — Bracelet formé d'une tige enroulée en spirale.

67 — Argent. — Fibule formée de tiges enroulées. Long. 8 c.

68 — Argent. — Bracelet formé d'une tige aplatie, tournée en spirale.

69 — Argent. — Bracelet en forme de croissant. Diam. 8 c.

70 — Argent. — Fragment de bracelet en spirale.

71 — Bronze. — Grande fibule couverte d'une belle patine verte et brillante. Long. 17 c.

72 — Bronze. — Grande fibule, dont la tige manque; elle est ornée de petits cercles gravés. Long. 15 c.

73 — Bronze. — Fibule avec ornements à jour. Long. 16 c.

74 — Bronze. — Autre fibule du même genre. Long. 10 c.

75 — Bronze. — Petite fibule ornée de tubercules.

76-77 — Bronze. — Deux petites fibules avec ornements gravés. Long. 6 c.

78-79 — Bronze. — Deux petites fibules couvertes de belles patines. Long. 7 c.

80-81 — Bronze. — Deux autres petites fibules de formes variées.

82 — Bronze. — Fibule avec ornements ciselés. Long. 6 c.

83 — Bronze. — Fibule avec des restes de dorure. Long. 9 c.

84 — Bronze. — Fibule ornée de boules aux extrémités. Long. 9 c.

85 — Bronze. — Grande fibule formée de deux spiraux réunis et enroulés à sens inverse. Long. 22 c.

86 — Bronze. — Autre fibule de même forme. Long. 18 c.

87-88 — Bronze. — Deux fibules formées de deux spiraux aplatis, réunis entre eux par un spiral cylindrique. Long. 13 c.

89 — Bronze. — Grande fibule formée de deux spiraux, très belle patine verte et brillante. Long. 20 c.

90 — Bronze. — Très grand spiral orné de gravures, avec belle patine verte et brillante. Long. 34 c.

91 — Bronze. — Autre spiral moins grand. Long. 18 c.

92 — Bronze. — Spiral à cannelures, de forme cylindrique. Diam. 11 c.

93 — Bronze. — Bout de timon de char se terminant par une tête de bélier. Long. 19 c.

94 — Bronze. — Grande lampe à un bec, l'anse est formée par une tête de cygne dont les yeux sont en argent. Long. 22 c.

95 — Bronze. — Autre belle lampe à un bec; l'anse se termine par une tête de lion d'un très-beau style. Long. 18 c.

96 — Bronze. — Jolie lampe à un bec; l'anse est fermée par un croissant; belle patine verte. Long. 16 c.

97 — Bronze. — Lampe à un bec; l'anse bifurquée se termine par une espèce de cœur. Long. 14 c.

98 — Bronze. — Petite lampe à deux becs, avec anneaux de suspension. Long. 9 c.

99 — Bronze. — Anse de seau à tête de cygne, munie de ses deux anneaux d'attache formés chacun d'un petit cygne. Diam. 23 c.

100 — Bronze. — Anse de seau dont chaque extrémité se termine par un gland. Diam. 24 c.

101 — Bronze. — Anse de seau ornée de têtes de lions. Diam. 23 c.

102 — Bronze. — Anse de vase; ornée dans le haut de têtes de lion, et dans le bas d'une palmette. Haut. 16 c.

103 — Bronze. — Anse de vase, le haut se termine par un mufle de lion placé entre deux lions couchés, et le bas par une palmette. Haut. 16 c.

104 — Bronze. — Anse de vase se terminant par trois mufles de lions. Haut. 14 c.

105 — Bronze. — Instrument à six longues fourches, avec douille pour recevoir un manche. Long. 37 c.

106 — Bronze. — Grand cercle servant d'enfilages à quarante-quatre autres plus petits. Objet dont l'usage est inconnu. Diam. 27 c.

107 — Bronze. — Grand anneau orné de six parties saillantes de forme lenticulaire. Objet dont l'usage était de fouler le raisin dans la cuve. Diam. 19 c.

108 — Très belle hache, couverte d'une très-belle patine. Long. 20 c.

109 — Autre belle hache, d'une forme différente. Long. 20 c.

110 — Hache à peu près semblable. Long. 17 c.

111-112 — Deux haches de même forme. Long. 21 c.

113-114-115 — Trois haches, avec douille pour placer le manche; la partie opposée au tranchant offre une rondelle armée d'une pointe elles ont quelques analogies avec les marteaux d'armes. Long. 28 c.

116 — Hache, ou espèce de ciseau. Long. 18 c.

117 — Pioche à deux tranchants. Long. 83 c.

118 — Hache en partie décapée. Long. 23 c.

119 — Hache pourvue d'une belle patine brune. Long. 16 c.

120-121 — Deux autres haches plus petites. Long. 14 c.

122 — Petite hache, munie d'un anneau. Long. 9 c.

123 — Petite hache en cuivre rouge, dépourvue de patine. Long. 11 c.

124 — Petite hache, munie d'un anneau, qui servait à la fixer au manche. Long. 7 c.

125 — Très-petit fer de hache avec belle patine verte.

126 — Petite hache, avec anneau pour la fixer au manche.

127 — Hache pourvue d'une belle patine verte.

128 — Autre hache, avec belle patine.

129 — Autre hache de même forme, avec belle patine verte.

130 — Espèce de ciseau en cuivre rouge, dépourvu de patine.

131 — Miroir pourvu d'une belle patine verte et brillante, au revers, un sujet gravé d'un beau dessin, mais malheureusement endommagé par plusieurs trous; le bord est orné d'une moulure à oves très-fines. Diam. 16 c., long. 24 c,

132 — Autre miroir qui a encore conservé son poli; au revers, un génie ailé; gravé au burin. Diam. 12 c., long. 24 c.

133-134 — Deux ciseaux en cuivre rouge, dépourvus de patine. Long. du plus grand, 18 c.

135 — Bronze. — Passoire dont le manche est orné d'une figure vêtue d'une tunique qu'elle relève de la main droite; travail étrusque. Long. 26 c., diam. 13 c.

136 — Bronze. — Casserole dont le fond et le manche sont ornés de moulures. Long. 2 c. diam. 10 c.

137 — Bronze. — Passoire à fond étoilé. Diam. 10 c.

138 — Bronze. — Casserole; le fond est orné de cercles concentriques. Diam. 15 c.

139 — Bronze. — Passoire dont le manche se termine par un crochet. Diam. 13 c.

140 — Bronze. — Casserole dont le long manche est percé d'un trou triangulaire. Diam. 13 c.

141 — Bronze. — Casserole ornée en dessous de cercles concentriques. Diam. 12 c.

142 — Bronze. — Grande casserole; le manche porte des restes d'incrustations en argent et se termine par deux têtes d'aigles formant anneaux. Diam. 16 c.

143 — Bronze. — Vase culinaire à deux oreillons festonnés. Long. 22 c.

144 — Bronze. — Petit mortier à piédouche orné de moulures. Diam. 9 c.

145 — Bronze. — Vase de forme conique à ouverture évasée. Haut. 15 c.

146 — Bronze. — Vase forme de bouteille, orné de moulures et de cercles concentriques d'un travail très-fin. Haut. 11 c.

147. — Bronze. — Petit seau à anse mobile dont les attaches sont formées par des bustes d'enfants. Haut. 8 c., diam. 9 c.

148 — Bronze. — Petit vase à une anse se terminant par une tête de serpent. Haut. 9 c.

149 — Bronze. — Vase à une anse, très-belle patine. Haut. 15 c.

150 — Bronze. — Grand vase sans anse, le dessous est orné de cercles concentriques très-saillants. Haut. 25 c.

151 — Bronze. — Vase dont l'anse est ornée d'oiseaux de la famille des échassiers et au bas d'un amour. Haut. 19 c.

152 — Bronze. — Marmite à deux anses. Haut. 11 c.

153 — Bronze. — Grand vase forme d'urne, le dessous est orné de cercles concentriques. Haut. 26 c.

154 — Bronze. — Vase forme d'aiguière; l'anse se termine en haut par une tête de bélier et le bas est orné de deux figures en bas-relief; travail étrusque. Haut. 26 c.

155 — Bronze. — Mortier à une anse, orné de quatre côtes saillantes. Haut. 13 c.

156-157 — Bronze. — Deux flambeaux de forme analogue à celle des flambeaux du XVe siècle. Haut. 21 c.

158 — Bronze. — Œnochoé à ouverture à trèfle ; l'anse est ornée d'une palmette. Haut. 15 c.

159 — Bronze. — Un gros grelot.

160 — Bronze. — Petit vase de forme cylindrique.

161-162-163 — Bronze. — Trois clochettes de formes variées.

164-165 — Bronze. — Vase en deux parties, incrusté d'émail de couleur bleue. Haut. 8 c.

166 — Bronze. — Petit vase à couvercle et deux anses, suspendu à une chaîne. Haut. 5 c.

167 — Jolie petite coupe grecque en terre peinte ; à l'intérieur *Thésée* combattant le *Minotaure* ; à l'extérieur, deux inscriptions grecques. Diam. 16 c., haut. 10 c.

168 — Coupe à deux anses en terre peinte ; à l'intérieur, une jeune femme assise sur un rocher ; à l'extérieur, de chaque côté, deux figures en regard et des palmettes. Diam. 15 c.

169 — Aryballos, noir uni. Haut. 14 c.

170 — Vase en ivoire, forme calice, ouvrage de tour du temps de Louis XIII. Haut. 22 c.

271 — Casque romain en bronze, belle patine. H. 21 c.

172 — Casque étrusque à nazale ; le haut manque.

173 — Casque romain. Haut. 20 c.

174 — Grande et belle épée en bronze; la poignée, pourvue d'une belle patine, est ornée de gravures. Long. 66. c.

175 — Autre épée complète moins grande. Long. 60 c.

176 — Épée complète dépourvue de patine. Long. 75 c.

177 — Autre belle épée complète, la poignée ornée de gravures. Long 70 c.

178 — Très-belle épée dont la poignée manque ; belle patine. Long. 65 c.

179 — Très-beau fer de lance en bronze, pourvu d'une belle patine. Long. 32 c.

180-181 — Deux autres moins grands. Long. 17 c.

182 — Petit poignard avec manche, se terminant par deux anneaux. Long. 20 c.

183-184 — Deux fers de lance, dont un avec belle patine. Long. 21 c.

185 — Large lame de poignard, dépourvue de patine. Long. 27 c.

186-187-188 — Trois fers de lance de formes variées.

189 — Petite faulx en bronze.

190-191 — Deux poids en plomb ayant la forme de grains d'orge, avec les lettres I. T. A. L. sur l'un, l'autre porte un monogramme inconnu.

192 à 200 — Neuf têtes de masses d'armes en bronze de formes variées.

201-202 — Une paire d'éperons étrusques en bronze, avec belle patine verte. Long. 9 c.

203-204 — Deux éperons à peu près semblables.

205-206 — Deux éperons dorés.

207 — Très petit éperon.

208 — Bracelet en bronze orné de stries, avec belle patine.

209 — Petit bracelet pourvu d'une belle patine.

210 — Bracelet à fermoir articulé.

211 212 — Deux bracelets ornés de stries longitudinales.

213 — Petit bracelet pourvu d'une belle patine brillante.

214 — Fort bracelet strié longitudinalement.

215 — Petit bracelet orné de gravures.

216-217 — Belle paire de bracelets striés, belle patine verte.

218 — Grand bracelet du même genre.

219 — Petit bracelet à grains très-saillants.

220 — Bracelet en forme de croissant.

221 — Bracelet à gros grains en forme d'olives.

222 — Bracelet en forme de croissant.

223-224 — Deux bagues ornées de tubercules.

225-226-227-228 — Quatre poids en bronze de grosseurs décroissantes.

229 — Cuiller à sacrifice, bien complète et de belle forme; elle porte une inscription grecque sur le manche. Très-belle patine verte. Long. 42 c.

230 — Espèce de veruculum en bronze. Long. 35 c.

231 — Un autre moins grand.

232-233 — Deux styles en bronze.

234-235-236 — Trois petits miroirs en bronze plaqués d'argent.

237 — Poids de romaine de forme sphéroïde.

238-239 — Une petite pince et un objet dont l'usage est inconnu, ayant la forme d'un taureau à deux têtes.

240-241-242-243 — Quatre clefs en bronze.

244-245 — Petit objet dont l'usage est inconnu et un sceau portant cette inscription : TELAVICHA RITONIS.

246 — Espèce de fourche avec belle patine verte.

247 à 252 — Six boucles de formes variées.

253 — Tête de lion, belle patine.

254 Autre tête de lion, bon travail étrusque, belle patine.

255 — Tête de lion, patine rouge ; les yeux sont incrustés en pierre. Travail égyptien.

256 — Patte de lion, belle patine.

257 — Jolie petite patène en verre blanc très-irisé, et une feuille en verre bleu à irisations violettes.

258 — Jambe gauche d'une statuette en terre cuite; ouvrage du XVIe siècle.

259 — Jambe droite d'une statuette antique en bronze.

260 — Ornement de cheval formé de plusieurs spirales, auxquelles sont suspendues de longues chaînes; le tout en bronze antique et pourvu d'une très-belle patine.

261 — Chaîne à larges anneaux en bronze.

262 à 316 — Cinquante-cinq pièces antiques en bronze à divers usages.

OBJETS DIVERS

317 — Montre anglaise à répétition, avec double boîtier en or repoussé et finement ciselé, enrichie de grenat.

318 — Grande bouilloire ayant la forme d'un lion, en cuivre; ouvrage du XIVe siècle.

319 — Statuette de mandarin chinois, en bronze; le costume est décoré de fleurs gravées au burin. — Haut. 21 c.

320 — Divinité indienne en bronze. Jolie petite statuette.

321 — Vase chinois en bronze, ayant la forme du fruit de Foë, entouré de branchages.

322 — Boîte oblongue en bronze tonquin, décorée de fleurs en reliefs dorées et argentées, sur fond noir.

323 — Gaîne en cuir renfermant un couteau, une fourchette dont les manches sont en bois sculpté, ornés de figures, et une cuiller en argent dont le manche se termine par une tête de chérubin.

324 — Cuiller en argent ornée de gravures du xviie siècle.

325 — Autre cuiller en argent, ornée de mascarons à têtes de chérubins, de la même époque.

326 — Autre cuiller en argent de la même époque.

427 — Cuiller en bois à manche d'argent.

328 — Très-bel encrier turc en argent, très-richement orné de ciselures et de nielles.

329 — Statuette de saint, beau bronze florentin du xve siècle — Haut. 15 c.

330 — Statuette de saint Christophe portant l'Enfant Jésus sur ses épaules; beau bronze du xvie siècle. — Haut. 22 c.

331 — Mandoline faite avec la carapace d'une tortue.

332 — Encrier italien en bronze, en forme de vase, supporté par trois aigles.

333 — Animal chimérique en marbre noir; antiquité péruvienne.

334 — Un taureau debout et marchant; bronze italien du xvie siècle. — Haut. 13 c., long. 22 c. Sur socle en bois.

335-336 — Une grande paire de boucles de souliers en argent découpées à jour, sur lesquelles sont représentés des cartes à jouer et des dominos, avec cette inscription : « Académie de jeux. »

BRONZES ANTIQUES & AUTRES

337-338 — Deux anses de vase, bronze antique, avec patine verte.

339-340 — Deux autres anses de vase, ornées de ciselure très-fine.

341-342 — Deux anses de vase, ornées de mascarons.

343 — Anse de vase ornée de mascarons et de palmettes.

344 — Grande anse de seau se terminant à chaque extrémité par une espèce d'amphore.

345 — Anse de vase ornée d'une palmette.

346 — Anse de vase dont chaque extrémité est formée par une main.

347 — Objet dont l'usage nous est inconnu ; il est orné de trois têtes de canards.

348 — Grande Fibule ornée de gravures.

349 — Petite cariatide de satyre.

350 — Buste de Didon diadémée ; beau bronze antique.

351 — Petit miroir orné d'un sujet gravé ; le manche est orné de ciselure. - Diam. 11 c, long. 23 c.

352 — Grand miroir tout uni, pourvu d'une belle patine. — Diam. 16 c., long. 24 c.

353-354 — Deux cuillers, dont une se termine par deux têtes de cygnes.

355 — Passoire à long manche se terminant par une tête d'animal.

356 Grand miroir chinois en métal, offrant du côté opposé au poli un bas-relief représentant des oiseaux et des tiges de bambou. Diam. 23 c.

357 Groupe. Deux figures en bronze du XVe siècle, représentant une femme assise sur un satyre ityphallique. Ce bronze a été oxidé pour imiter la patine antique. Haut. 23 c.

358 — Statuette en bronze italien du XVe siècle; satyre debout portant un vase. — Haut. 25 c.

359 — Hermès de Priape ityphallique; bronze du XVIe siècle. — Haut. 18 c.

360 — Statuette de faune ityphallique debout; bronze florentin du XVIe siècle. — Haut. 12 c.

OBJETS DIVERS

361-362 — Deux bas-reliefs chinois en pierre de lard, appliqués sur fond de bois de bambou.

363 — Six bas-reliefs chinois en pierre de lard, sur fond de papier peint, représentant des sujets familiers; ces bas-reliefs disposés en forme de paravent à six feuilles, en renferment six autres cachés dans l'épaisseur de la monture.

364 — Jolie petite statuette en buis, sainte Marie. — Haut. 10 c.

365 — Bague d'évêque du VIIIe au IXe siècle, chargée d'ornements gravés de style byzantin; le chaton est orné d'un saphir cabochon.

366 — Bague ornée d'un camée en pâte imitant la turquoise.

367 — Beau camée sur agate onyx à deux couches; tête de Méduse; ouvrage du xvi° siècle.

368 — Camée sur marbre rouge antique à deux couches, à relief rouge sur fond gris, représentant une offrande à Priape.

369 — Statuette en ivoire; la Vierge debout sur un croissant; sculpture du temps de Louis XIII. — Haut. 18 c.

370 — Bas-relief en ivoire représentant l'apothéose d'*Antonin le Pieux et de Faustine aînée*; bonne sculpture. — Haut. 10 c., larg. 15 c. Cadre en écaille.

371 — Beau bas-relief en argent repoussé, représentant la Crucifixion; très-bel ouvrage du xvi° siècle. Haut. 16 c., larg. 13 c. Cadre en écaille incrustée de filets en argent.

372 — Triptyque en ivoire orné de trois bas-reliefs; celui du milieu représente la mise au tombeau; celui de gauche la crucifixion, et celui de droite la résurrection du Christ. Belle sculpture attribuée à Sylvestre di Ravenna, d'après Raphaël. — Haut. 18 c., larg. 25 c. Cadre en bois noir sculpté.

373 — Très-beau bas-relief en argent repoussé, représentant la chasse au cerf, ouvrage remarquable portant la date de 1575. — Haut. 19 c., larg. 23 c. Cadre en bois noir.

374   Pommeau d'épée du XVIe siècle, en bronze patiné à l'antique, avec reste de dorure; il a la forme d'un médaillon rond, offrant en bas-relief : d'un côté une Victoire ailée couronnant l'Amour; sur une branche de palmier est suspendu un petit écusson sur lequel on lit : I. S. A.; sur l'autre un bige. Diam. 6 c.

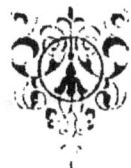

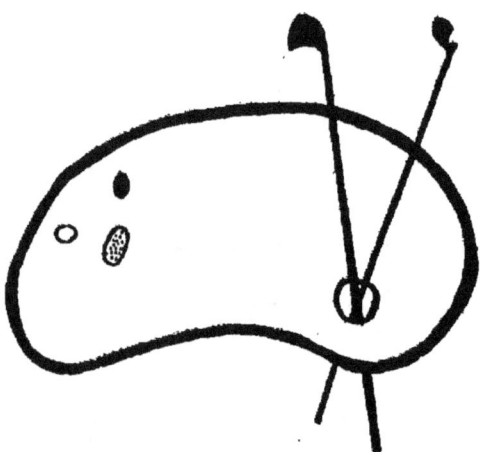

ORIGINAL EN COULEUR
N° 2 43-170-3

www.ingramcontent.com/pod-product-compliance
Lightning Source LLC
Chambersburg PA
CBHW030107230526
45471CB00003B/1292